# LETTRE OUVERTE
# AU MONDE MUSULMAN

ABDENNOUR BIDAR

# Lettre ouverte au monde musulman

ÉDITIONS LES LIENS QUI LIBÈRENT

ISBN : 979-10-209-0267-2

*Paris, janvier 2015*

Cher monde musulman, je suis un de tes fils éloignés qui te regarde du dehors et de loin, de ce pays de France où tant de tes enfants vivent aujourd'hui. Je te regarde avec mes yeux sévères de philosophe nourri depuis son enfance par le *taçawwuf* (soufisme) et par la pensée occidentale. Je te regarde donc à partir de ma position de *barzakh*, d'isthme entre les deux mers de l'Orient et de l'Occident!

Et qu'est-ce que je vois? Qu'est-ce que je vois mieux que d'autres, sans doute parce que justement je te regarde de loin, avec le recul de la distance? Je te vois toi, dans un état de misère et de souffrance qui me rend infiniment triste, mais qui rend encore plus sévère mon jugement de philosophe! Car je te vois en train d'enfanter un monstre qui prétend se nommer État islamique et auquel certains préfèrent donner un nom de démon : Daesh. Mais le pire est que je te vois te perdre – perdre ton temps et ton honneur – dans le refus de reconnaître que ce monstre est né de toi, de tes errances, de tes contradictions, de ton écartèlement interminable entre passé et présent, de ton incapacité trop durable à trouver ta place dans la civilisation humaine.

Que dis-tu en effet face à ce monstre? Quel est ton unique discours? Tu cries : «Ce n'est pas moi!», «Ce n'est pas l'islam!» Tu refuses que les crimes de ce monstre soient commis en ton nom (#NotInMyName). Tu t'indignes devant une telle monstruosité, tu t'insurges aussi que le monstre usurpe ton identité, et bien sûr tu as raison de le faire. Il est indispensable qu'à la face du monde tu proclames ainsi, haut et fort, que l'islam dénonce la barbarie. Mais c'est tout à fait insuffisant! Car *tu te réfugies dans le réflexe de l'autodéfense sans assumer aussi et surtout la responsabilité de l'autocritique.* Tu te contentes de t'indigner alors que ce moment historique aurait été une si formidable occasion de te remettre en question! Et, comme d'habitude, tu accuses au lieu de prendre ta propre responsabilité : «Arrêtez, vous les Occidentaux, et vous tous les ennemis de l'islam de nous associer à ce monstre! Le terrorisme ce n'est pas l'islam, le vrai islam, le bon islam qui ne veut pas dire la guerre mais la paix! »

J'entends ce cri de révolte qui monte en toi, ô mon cher monde musulman, et je le comprends. Oui tu as raison, comme chacune des autres grandes inspirations sacrées du monde, l'islam a créé tout au long de son histoire de la beauté, de la justice, du sens, du bien, et il a puissamment éclairé l'être humain sur le chemin du mystère de l'existence… Je me bats ici en Occident, dans chacun de mes livres, pour que cette sagesse de l'islam et de toutes les religions ne soit pas oubliée ni méprisée ! Mais de ma position lointaine je vois aussi autre chose – que tu ne sais pas ou que tu ne veux pas voir… Et cela m'inspire une question, LA grande question : pourquoi ce monstre t'a-t-il volé ton visage ? Pourquoi ce monstre ignoble a-t-il choisi ton visage et pas un autre ? Pourquoi a-t-il pris le masque de l'islam et pas un autre ? C'est qu'en réalité, derrière cette image du monstre se cache un immense problème, que tu ne sembles pas prêt à regarder en face. Il le faut bien pourtant, il faut que tu en aies le courage.

Ce problème est celui des *racines du mal*. D'où viennent les crimes de ce soi-disant « État islamique » ? Je vais te le dire, mon ami. Et cela ne va pas te faire plaisir, mais c'est mon devoir de philosophe. Les racines de ce mal qui te vole aujourd'hui ton visage sont *en toi-même*, le monstre est sorti de tes propres tripes, le cancer est dans ton propre corps. Et de ton organisme malade il sortira dans le futur autant de nouveaux monstres – pires encore que celui-ci – aussi longtemps que tu refuseras de regarder cette vérité en face, aussi longtemps que tu tarderas à l'admettre et à attaquer enfin cette racine du mal !

Même les intellectuels occidentaux, quand je leur dis cela, ont de la difficulté à le voir : la plupart d'entre eux ont tellement oublié ce qu'est la puissance de la religion – en bien et en mal, sur la vie et sur la mort – qu'ils me disent : « Non, le problème du monde musulman n'est pas l'islam, pas la religion, mais la politique, l'histoire, l'économie, etc. » Ils vivent dans des sociétés si sécularisées qu'ils ne se souviennent plus du tout que la religion peut être le cœur de réacteur d'une civilisation humaine ! Et que l'avenir de l'humanité passera demain non pas seulement par la résolution de la crise financière et économique mais de façon bien plus essentielle par la résolution de la crise spirituelle sans précédent que traverse notre humanité tout entière ! Saurons-nous tous nous rassembler, à l'échelle de la planète, pour affronter ce défi fondamental ? La nature spirituelle de l'homme a horreur du vide, et si elle ne trouve rien de nouveau pour le remplir, elle le fera demain avec des religions toujours plus inadaptées au présent et qui, comme l'islam actuellement, se mettront alors à produire des monstres.

*

Mon cher Islam, tu as construit l'édifice entier de tes dogmes, de tes lois, de tout ton univers religieux sur la dissimulation d'un secret – un secret trop colossal pour toi, et que tout système religieux a servi à cacher pour mieux l'ignorer. De quoi s'agit-il ? D'une inspiration de ton propre Coran mais trop puissante, trop nouvelle, trop dérangeante pour que tes oreilles puissent l'entendre ! Et toute ton histoire s'est passée comme si elle n'avait été qu'une longue tentative épouvantée pour ne pas entendre ce que te révélait ta propre révélation ! Une longue fuite en avant, les oreilles bouchées, pour ne pas assumer l'inspiration trop sublime de Mohammed. Car celui-ci a bel et bien dit quelque chose de si puissant, de si prodigieux – porteur d'un tel cataclysme spirituel, d'un tel scandale métaphysique – que tes théologiens, tes docteurs, tes juristes et même tes poètes ou tes initiés ont passé leur temps au fil des siècles à enfermer cette lumière trop lumineuse sous des tonnes et des tonnes de terre! Ils l'ont même emmurée comme une trop sublime prisonnière, à perpétuité derrière les pierres et les tentures noires de la Kaaba pour la rendre inaccessible aux foules de pèlerins... Depuis des siècles et des siècles ces foules affluent du monde entier pour tourner indéfiniment autour de cette pierre, comme si tous les musulmans de la Terre savaient inconsciemment qu'elle dissimule une vérité secrète, une vérité du Coran que le système de l'islam n'a jamais été capable d'assumer. Une vérité que toute la construction de l'islam historique a voulu interdire aux regards en la cachant dans ce bunker sacré de La Mecque!

Quel est ce secret? Qu'y a-t-il donc dans le Coran que tes dogmes, tes rites, tes lois, tes coutumes, mon cher Islam, n'ont jamais fait mieux que taire, jusqu'à ce qu'enfin vienne le temps où tu n'auras plus les moyens ni de te le cacher ni de le cacher au monde?

C'est l'inspiration du Coran qui fait de l'être humain le *khalife* de Dieu sur terre... Toi l'Islam, tu as continuellement minimisé et occulté cette signification. Aucune de tes interprétations ne lui fait justice, même de loin. Tu as prétendu que cela faisait de l'homme le « lieutenant » de Dieu sur terre, c'est-à-dire l'administrateur de sa justice. Les plus obtus de tes docteurs disent même que c'est encore trop, que c'est trop d'orgueil humain. Ils crient que c'est une interprétation contaminée par un Occident qui croit trop en l'homme depuis qu'il a proclamé Jésus comme incarnation de Dieu. Ils s'étranglent face à cette prétention du « Dieu fait homme » et veulent continuer à imposer comme vérité absolue que la créature humaine est seulement l'esclave de Dieu... Ni Son fils ni Son enfant, ni même Son représentant ! Et à partir de cette pulsion d'écrasement de l'homme, ils ont défini l'islam tout entier comme l'empire de la soumission.

Ils se sont trompés. L'homme *khalife* de Dieu est littéralement son *héritier*, son successeur ! Celui auquel *Allâh* – le nom suprême que tu donnes à Dieu – confie en attendant qu'il en soit digne un jour l'héritage de la royauté créatrice sur l'univers... Le Coran nous dit que l'homme est appelé à grandir jusqu'à ce qu'il devienne créateur. Mais comment aurais-tu pu entendre cela ? Tous ceux qui chez toi voulaient faire de Dieu un maître éternel, tous ceux aussi qui voulaient conserver leur pouvoir sur d'autres hommes, ne pouvaient pas entendre – ni accepter – cette idée que tout être humain doit être rendu suffisamment libre, suffisamment maître de sa vie et de son destin pour être un jour le créateur de sa vie et non plus la créature ou l'esclave de quiconque. Mais cette idée attendait son heure, et cette heure est peut-être en train d'arriver. Cette heure où l'être humain hérite de Dieu.

Quelle heure est-il en effet dans notre civilisation humaine ? Cher monde musulman, mon cher Islam, peux-tu me donner cette heure ?

Il se pourrait bien effet que l'heure de succéder aux dieux soit justement ce qui arrive à notre *condition* humaine en train de se *déconditionner* de toutes parts. Là où il y a peu encore nous étions conditionnés, déterminés, soumis aux lois de l'espace et du temps, nos capacités soudain font un prodigieux bond en avant et plusieurs de nos limites jusque-là infranchissables ne le semblent plus : avec la génétique, la médecine régénérative, les interfaces possibles qui se multiplient entre l'homme et la machine, etc., voilà que les scientifiques eux-mêmes osent nous parler d'immortalité ! Faut-il pour autant se réjouir ? Le problème – énorme – est que si nous sommes en train de devenir quelque chose comme des dieux c'est pour l'instant *sans aucun but spirituel*! Et le plus souvent hélas, pour le pire d'un accroissement aveugle de puissance, et de volonté de puissance! Nous entrons dans le temps du passage à la limite de notre vieille condition humaine à autre chose de mal identifié encore, qui pourrait être une condition divine si tout au moins nous passons le cap excessivement périlleux et redoutable de son apprentissage.

Toutes nos crises de civilisation sont les symptômes que c'est bien en effet quelque chose de cet ordre-là, absolument inédit et radical, qui est en train de se produire. Mais, pour l'instant, nous sommes incapables d'en prendre la mesure et la maîtrise, de lui donner une direction digne de ce nom. Notre puissance d'agir de titans, de jeunes dieux inconscients, nous fait dépasser une à une toutes nos anciennes limites mais de façon anarchique, matérialiste et destructrice : destruction de la nature par notre chimie qui l'empoisonne, destruction de nos équilibres sociaux par une explosion de notre capacité à produire de la richesse telle que la vieille cupidité devient elle-même sans limites, destruction de l'humanité peut-être si demain l'homme augmenté dont parle le transhumanisme devient un post-humain qui remplace notre espèce ! Tous ces défis sont autant de rendez-vous inédits avec la nouvelle surpuissance qui nous échoit.

*

Quelle vie spirituelle pour l'humanité nouvelle qui émerge en nous ? Je vois en toi, ô monde musulman, des forces immenses prêtes à se lever pour contribuer à cet effort mondial de trouver la vie spirituelle qui conviendra aux siècles qui arrivent ! Il y a en toi en effet, malgré la gravité de ta maladie, malgré l'étendue des ombres obscurantistes qui veulent te recouvrir tout entier, une multitude extraordinaire de femmes et d'hommes qui sont prêts à réformer l'islam au-delà de ce que font les prestidigitateurs dont je t'ai parlé. Et même – parce qu'il faut aller au-delà de l'idée même de réforme – à intégrer la quintessence de son génie au-delà de lui-même, au-delà de ses formes historiques et de ses frontières pour faire participer cette quintessence à notre effort de maîtrise de la *mutation* qui se produit du côté de notre condition humaine.

C'est à tous ceux-là, musulmans et non-musulmans qui rêvent ensemble de révolution spirituelle, que je me suis adressé dans mes livres. Pour leur dire qu'ils ont raison d'exhorter l'islam à penser aujourd'hui «plus grand que lui», et à participer à des projets plus vastes que celui de son propre avenir. Pour leur donner aussi, avec mes mots de philosophe, confiance en ce qu'entrevoit leur espérance!

Ma *Oumma* (communauté des musulmans), c'est l'humanité. L'humanité de ces femmes et ces hommes de progrès qui portent en eux la vision du futur spirituel de l'être humain. Mais ils ne sont pas encore assez nombreux ni leur parole assez puissante. Tous ceux-là, dont je salue la lucidité et le courage, ont parfaitement vu que c'est l'état général de maladie profonde du monde musulman qui explique la naissance des monstres terroristes aux noms d'Al Qaida, Al Nostra, Aqmi ou «État islamique ». Ils ont bien compris que ce ne sont là que les symptômes les plus graves et les plus visibles sur un immense corps malade, dont les maladies chroniques sont les suivantes : impuissance à instituer des démocraties durables dans lesquelles est reconnue comme droit moral et politique la liberté de conscience vis-à-vis des dogmes de la religion; prison morale et sociale d'une religion dogmatique, figée, et parfois totalitaire; difficultés chroniques à améliorer la condition des femmes dans le sens de l'égalité, de la responsabilité et de la liberté ; impuissance à séparer suffisamment le pouvoir politique de son contrôle par l'autorité de la religion ; incapacité à instituer un respect, une tolérance et une véritable reconnaissance du pluralisme religieux et des minorités religieuses ; incapacité enfin à sortir de la conviction farouche, incrustée chez la plupart de tes fidèles et jamais remise en question, que l'islam est la religion supérieure à toutes les autres, qui n'a et n'aura jamais de leçon à recevoir de personne, ni jamais le moindre enrichissement spirituel à attendre de l'extérieur !

Tout cela serait-il donc la faute de l'Occident ? À lui aussi je vais dire son fait dans cette lettre. Mais combien de temps précieux, d'années cruciales, vas-tu perdre encore, ô mon cher monde musulman, avec cette accusation stupide à laquelle toi-même tu ne crois plus, et derrière laquelle tu te caches pour continuer à te mentir à toi-même ? Si je te critique aussi durement, ce n'est pas parce que je suis un philosophe « occidental » mais parce que je suis un de tes fils conscient de tout ce que tu as perdu de ta grandeur passée depuis si longtemps qu'elle est devenue un mythe ! Depuis le XVIII^e siècle en particulier, il est temps de te l'avouer enfin, tu as été incapable de répondre au défi de l'Occident. Soit tu t'es réfugié de façon infantile et mortifère dans le passé, avec la régression intolérante et obscurantiste du wahhabisme qui continue de faire des ravages presque partout à l'intérieur de tes frontières – un wahhabisme que tu répands à partir de tes lieux saints de l'Arabie Saoudite comme un cancer qui partirait de ton cœur lui-même ! Soit, tu as suivi le pire de cet Occident, en produisant comme lui des nationalismes et un modernisme qui est une caricature de modernité – je veux parler de cette frénésie de consommation, ou bien encore de ce développement technologique sans cohérence avec leur archaïsme religieux qui fait de tes « élites » richissimes du Golfe seulement des victimes consentantes de la maladie désormais mondiale qu'est le culte du dieu Argent.

Qu'as-tu d'admirable aujourd'hui, mon ami ? Qu'est-ce qui en toi reste digne de susciter le respect et l'admiration des autres peuples et civilisations de la Terre ? Où sont tes sages, et as-tu encore une sagesse à proposer au monde ? Où sont tes grands hommes, qui sont tes Mandela, qui sont tes Gandhi, qui sont tes Aung San Suu Kyi ? Où sont tes grands penseurs, tes intellectuels dont les livres devraient être lus dans le monde entier comme au temps où les mathématiciens et les philosophes arabes ou persans faisaient référence de l'Inde à l'Espagne ? En réalité tu es devenu si faible, si impuissant derrière la certitude que tu affiches toujours au sujet de toi-même… Tu ne sais plus du tout qui tu es ni où tu veux aller et cela te rend aussi malheureux qu'agressif… Tu t'obstines à ne pas écouter ceux qui t'appellent à changer en te libérant enfin de la domination que tu as offerte à la religion sur la vie tout entière. Tu as choisi de considérer que Mohammed était prophète et roi. Tu as choisi de définir l'islam comme religion politique, sociale, morale, devant régner comme un tyran aussi bien sur l'État que sur la vie civile, aussi bien dans la rue et dans la maison qu'à l'intérieur même de chaque conscience. Tu as choisi de croire et d'imposer que l'islam veut dire soumission alors que le Coran lui-même proclame qu'« il n'y a pas de contrainte en religion » (*La ikraha fi Dîn*). Tu as fait de son appel à la liberté l'empire de la contrainte ! Comment une civilisation peut-elle trahir à ce point son propre texte sacré ?

*

De nombreuses voix que tu ne veux pas entendre s'élèvent aujourd'hui dans la *Oumma* pour s'insurger contre ce scandale, pour dénoncer ce tabou d'une religion autoritaire et indiscutable dont se servent ses chefs pour perpétuer indéfiniment leur domination... Au point que trop de croyants ont tellement intériorisé une culture de la soumission à la tradition et aux «maîtres de religion» (imams, muftis, shouyoukhs, etc.) qu'ils ne comprennent même pas qu'on leur parle de liberté spirituelle, et n'admettent pas qu'on ose leur parler de choix personnel vis-à-vis des «piliers» de l'islam. Tout cela constitue pour eux une ligne rouge, quelque chose de trop sacré pour qu'ils osent donner à leur propre conscience le droit de le remettre en question! Et il y a tant de ces familles, tant de ces sociétés musulmanes où cette confusion entre spiritualité et servitude est incrustée dans les esprits dès le plus jeune âge, et où l'éducation spirituelle est d'une telle pauvreté que tout ce qui concerne de près ou de loin la religion reste ainsi quelque chose qui ne se discute pas!

Or cela, de toute évidence, n'est pas imposé par le terrorisme de quelques fous, par quelques troupes de fanatiques embarqués par l'État islamique. Non, ce problème-là est infiniment plus profond et infiniment plus vaste. Mais qui le verra et le dira? Qui veut l'entendre? Silence là-dessus dans le monde musulman, et dans les médias occidentaux on n'entend plus que tous ces spécialistes du terrorisme qui aggravent jour après jour la myopie générale !

Il ne faut pas que tu t'illusionnes, ô mon ami, en croyant et en faisant croire que quand on en aura fini avec le terrorisme islamiste, l'islam aura réglé ses problèmes. Car tout ce que je viens d'évoquer – une religion tyrannique, dogmatique, littéraliste, formaliste, machiste, conservatrice, régressive – est trop souvent, pas toujours mais trop souvent, l'islam ordinaire, l'islam quotidien, qui souffre et fait souffrir trop de consciences, l'islam de la tradition et du passé, l'islam déformé par tous ceux qui l'utilisent politiquement, l'islam qui finit encore et toujours par étouffer les Printemps arabes et la voix de toutes ses jeunesses qui demandent autre chose. Quand donc vas-tu faire enfin ta vraie révolution ? Cette révolution qui dans les sociétés et les consciences fera rimer *définitivement* vie spirituelle et liberté, cette révolution *sans retour* qui prendra enfin acte que la religion est devenue un fait social parmi d'autres partout dans le monde, et que ses droits exorbitants sur la vie humaine n'ont plus aucune légitimité !

Bien sûr, au sein de ton gigantesque territoire il y a des îlots de liberté spirituelle : des familles qui transmettent un islam de tolérance, de choix personnel, d'approfondissement spirituel; des milieux sociaux où la cage de la prison religieuse s'est ouverte ou entrouverte; des lieux où l'islam donne encore le meilleur de lui-même, c'est-à-dire une culture du partage, de la droiture, de la recherche du savoir, et une spiritualité en quête de ce lieu sacré où l'être humain et la réalité ultime qu'on appelle *Allâh* se rencontrent. Il y a en terre d'islam et partout dans les communautés musulmanes du monde des consciences fortes et libres, mais elles restent condamnées à vivre leur liberté sans assurance, sans reconnaissance d'un véritable droit, à leurs risques et périls face au contrôle communautaire ou bien même parfois face à la police religieuse. Jamais pour l'instant le droit de dire «Je choisis mon islam», «J'ai mon propre rapport à l'islam» n'a été reconnu par «l'islam officiel» des dignitaires. Ceux-là au contraire s'acharnent à imposer que «la doctrine de l'islam est unique» et que «l'obéissance aux piliers de l'islam est la seule voie droite» (*sirâtou-l-moustaqîm*).

Ce refus du droit à la liberté vis-à-vis de la religion est l'une de ces racines du mal dont tu souffres, ô mon cher monde musulman, l'un de ces antres obscurs où grandissent les monstres que tu fais bondir depuis quelques années au visage effrayé du monde entier. Car cette religion de fer impose à tes sociétés tout entières une violence insoutenable. Elle enferme toujours trop de tes filles et tous tes fils dans la cage d'un bien et d'un mal, d'un licite (*halâl*) et d'un illicite (*harâm*) que personne ne choisit mais que tout le monde subit. Elle emprisonne les volontés, elle conditionne les esprits, elle empêche ou entrave tout choix de vie personnel. Dans trop de tes contrées tu associes encore la religion et la violence – contre les femmes, contre les « mauvais croyants », contre les minorités chrétiennes ou autres, contre les penseurs et les esprits libres, contre les rebelles – de telle sorte que cette religion et cette violence finissent par se confondre, chez les plus déséquilibrés et les plus fragiles de tes fils, dans la monstruosité du *jihad*.

Alors ne t'étonne pas, ne fais plus semblant de t'étonner, je t'en prie, que les démons du soi-disant État islamique aient pris ton visage ! Que les démons assassins de mes compatriotes français t'aient dérobé ton visage ! Car les monstres et les démons ne volent que les visages qui sont déjà déformés par trop de grimaces ! Et si tu veux savoir comment ne plus enfanter de tels monstres, je vais te le dire. C'est simple et très difficile à la fois. Il faut que tu commences par *réformer toute l'éducation* que tu donnes à tes enfants, que tu réformes chacune de tes écoles, chacun de tes lieux de savoir et de pouvoir. Que tu les réformes pour les diriger selon des principes universels (même si tu n'es pas le seul à les transgresser ou à persister dans leur ignorance) : la liberté de conscience, la démocratie, la tolérance et le droit de cité pour toute la diversité des visions du monde et des croyances, l'égalité des sexes et l'émancipation des femmes de toute tutelle masculine, la réflexion et la culture critique du religieux dans les universités, la littérature, les médias.

Tu ne peux plus reculer, tu ne peux plus faire moins que tout cela. *Tu ne peux plus faire moins que ta révolution la plus complète.* En te débarrassant méthodiquement de toutes les métastases de ton cancer religieux qui menace ta civilisation tout entière : fondamentalisme, intégrisme, radicalisme, antisémitisme, machisme, littéralisme, et tous les autres « -ismes » de l'obscurantisme dont tu souffres aujourd'hui et qui caractérise toutes les religions dans les périodes les plus noires de leur histoire ! Expurger tout cela, l'expulser de grands corps malades est le seul moyen pour toi de ne plus enfanter de tels monstres, et si tu ne le fais pas tu seras bientôt dévasté par leur puissance de destruction. Quand tu auras mené à bien la tâche colossale de cette *catharsis*, de cette purgation, de cette « ablution complète » – au lieu de te réfugier encore et toujours dans la mauvaise foi et l'aveuglement volontaire –, alors plus aucun monstre abject ne pourra venir te voler ton visage.

*

Depuis tant d'années je me bats pour toi contre toi-même. Dans cette lutte intellectuelle et spirituelle, je suis pour l'instant non pas seul mais isolé. Isolé parce que nous ne sommes pas assez nombreux à avoir le courage – ou l'inconscience – de te dire à toi le grand conquérant, l'impressionnant islam, ses quatre vérités. À dénoncer comme prétentieuse cette religion lorsqu'elle persiste à se considérer comme la meilleure de toutes parce qu'elle serait la « dernière révélée ». À oser te parler de tes tabous. À discuter ce que tu décrètes indiscutable. À affronter ton déni inexcusable et ton refus maladif d'admettre ta maladie. À dénoncer tes impensés là où l'immense majorité des croyants disent « c'est le sacré, on n'y touche pas ». À poser le problème des versets violents du Coran. À vouloir réinventer une vie spirituelle nouvelle en récupérant ce qui peut l'être dans les décombres d'une religion que la plupart considèrent encore comme une maison qui les abrite alors qu'elle leur est tombée sur la tête.

Charitablement averti par les uns que je vais trop loin, déjà presque excommunié par d'autres, critiqué parce que je revendique le droit à la pensée critique, je me bats avec les outils de la raison et de la foi ensemble, sans contradiction. Mais pas seulement, car cette raison et cette foi ne sont pas au cœur même des possibilités de l'être humain. Il y a aussi ce que les soufis appellent l'œil du cœur, la vision intérieure, l'inspiration profonde de cette lumière spirituelle dont parle le Coran – lumière qui n'est « ni d'Orient ni d'Occident ». Quand ma raison et ma foi tâtonnent dans la nuit, que ma logique et mes informations ne me permettent que de construire des châteaux de sable, je me contente d'attendre patiemment en visant en moi – au plus profond de moi – l'ouverture du point d'où jaillit cette lumière.

C'est comme ça que je pense. Je ne commence pas par réfléchir ni par aller sur Internet ou dans mes livres. Ma vie est concentrée en permanence sur ce point intérieur et, quand j'ai besoin de créer une pensée, je dirige mon mental vers ce point. Je fais alors le vide en moi-même, je visualise ce point et je deviens « le petit homme » qui en moi-même marche vers ce point. Il avance jusqu'à ce lieu profond auprès du cœur, qui lui est devenu familier et qui est comme un jardin tranquille où jaillit la Lumière-source de toute intelligence, de toute vie et de toute réalité. Il s'y assied et attend avec confiance d'entendre la mélodie de cette eau de lumière qui ne tarit jamais – et que la raison va traduire ensuite en idées.

D'habitude je ne parle pas de ma vie spirituelle. Mais j'en ai assez d'écrire ces livres de philosophe où l'on ne dit jamais à partir de quelle inspiration et de quel parcours de vie on parle ! J'ai élargi ce chemin intérieur pendant mes années d'apprentissage de la méditation soufie. Mais c'est quand j'étais enfant que j'ai commencé d'être cet homme qui sait où il va dans sa nuit intérieure, de l'obscurité vers la lumière – cette lumière qu'on peut appeler Dieu ou vérité mais qui dépasse tous ces noms –, cette lumière si puissante qu'il faut apprendre à venir prudemment auprès d'elle sans quoi elle fera de vous un pauvre fou illuminé. Un jour, je devais avoir sept ou huit ans, je me suis prosterné dans ma prière et, quand je me suis relevé, plus rien n'était comme avant. J'ai mis des années et des années à m'apercevoir clairement de ce qui m'était arrivé ce jour-là. Il est long le temps que prend la lumière du cœur pour remonter à la surface et irradier toutes les veines du corps, illuminer tous les recoins de l'esprit. Chez moi, cette remontée de la lumière n'est pas du tout terminée, j'ai encore trop d'obscurités et d'ignorances sur lesquels le jour qui vient du cœur ne s'est pas encore levé.

Cher Islam, cher monde musulman, c'est aussi à cause de ce que j'ai à te dire que je suis contraint d'abandonner ma pudeur habituelle. Aujourd'hui face à toi je n'ai plus le choix, je n'ai plus le luxe de me taire sur moi-même et de rester caché derrière le paravent des idées. Je suis obligé de témoigner de moi-même, de parler à cœur ouvert, parce qu'en face de toi ma vie intérieure est ma seule justification. Si je n'avais pas en moi l'expérience spirituelle que je viens de te confier, jamais je n'aurais osé parler comme je m'apprête à le faire. Je ne me serais jamais permis de t'interpeller de la sorte, toi l'immense monde musulman incommensurable avec ma petite personne. Et tu auras sans doute raison de me dire d'ailleurs : « Qui es-tu, misérable petit philosophe français, pour oser me demander des comptes et me faire la leçon ? »

Entre nous le face-à-face est *a priori* trop inégal. Je devrais donc craindre ton courroux, ton mépris, et ton excommunication si elle doit venir. Et cela me tétaniserait sans doute si je n'étais pas installé tout entier dans la confiance indestructible que l'inspiration du cœur m'a donnée. Rien d'autre ne me justifie. Rien d'extérieur. Juste cette confiance intérieure. Grâce à elle, j'attends ton jugement dans la paix, et aucune vocifération ni condamnation ne pourra ébranler ni troubler ma certitude.

C'est le point où notre rapport de force se renverse. Ce point de pure lumière intérieure réchauffe et réjouit mon âme, irrigue mon être et inspire ma pensée mille fois plus que tout savoir, que toute sagesse ou sainteté que je trouve à l'extérieur de moi. *Le véritable maître est en soi*, et quand il parle, toutes les paroles du monde ne sont que ses échos, ses éclats, ses confirmations ou… des futilités.

*

Cher Islam, mon ami, tu ne veux pas reconnaître en toi-même les racines du mal qui te ronge… Tu t'enfermes d'autant plus dans le déni de ta propre responsabilité de ce qui t'arrive que tu as trouvé le coupable idéal : cet Occident impérialiste et matérialiste qui, au XIXe siècle, t'a envahi et asservi brutalement par sa colonisation. Cet Occident dont l'Amérique est le tyran surpuissant, dont les armes te dévastent au nom d'une soi-disant «guerre du bien contre le mal» derrière laquelle il voudrait dissimuler – mais qui est dupe? – la défense de ses intérêts économiques. Cet Occident qui réduit à la misère, à la servitude, aux périls de l'exode migratoire, les peuples de ce Sud où tu as le malheur de te trouver, en leur confisquant leurs richesses par l'intermédiaire de la corruption et la complicité systématique de leurs propres chefs – tes propres dirigeants, tes propres monarques. Cet Occident qui laisse Israël humilier toujours plus les Palestiniens en leur refusant le droit d'un État, en les enfermant dans une véritable ségrégation, en les laissant entre les mains de ce Hamas issu de ton cancer et qui, en proclamant qu'il veut détruire l'État juif, sacrifie la population palestinienne dans la spirale maudite de l'agression perpétuelle et de sa vengeance interminable.

Oui, décidément, cet Occident est bien ton coupable idéal... D'autant plus encore qu'il ne vaut désormais guère mieux que toi. Tu as ton cancer, mais lui aussi est en phase terminale. Le fier Occident est un moribond qui n'a plus les moyens de sa tyrannie. S'il avait un peu d'humilité – ce qui ne lui est plus arrivé depuis plusieurs siècles –, ton meilleur ennemi se rendrait compte qu'il n'a plus aucune réserve de prestige pour prétendre encore imposer au monde entier « son propre universel », c'est-à-dire cet universel absurde et contradictoire d'un modèle de civilisation qu'il a fabriqué tout seul. Un « modèle » de civilisation débarrassé de tous ses dieux anciens remplacés par le culte du dieu Argent. Un « modèle » dont les droits de l'homme ne s'appliquent qu'à géométrie variable selon que vous êtes riche ou pauvre. Cet Occident longtemps triomphant est arrivé au bout de son rouleau de dollars. Il a jeté depuis trop longtemps ses dernières forces dans son rôle de cap de l'humanité, de phare de la modernité, et il ne lui reste plus aucune ampoule en réserve pour projeter encore les feux de ce sémaphore !

Il a eu ce rôle de cap. La modernité occidentale, contrairement à ce que tu crois, mon cher ami, ne fut pas que négative et les peuples d'Occident jouissent de droits politiques et sociaux que, comme d'autres, tu n'es toujours pas capable d'octroyer et de garantir à tes populations.

Tu voudrais bien pouvoir, l'esprit tranquille, enfermer l'Occident dans la caricature d'un matérialisme, d'un athéisme, d'un individualisme où, certes, il s'est beaucoup vautré lui-même et qui finit aujourd'hui par faire disparaître toutes ses grandes conquêtes !

Mais tu le sais sans te l'avouer, la critique de l'Occident n'est pas si facile. Il est épuisé, il s'est beaucoup contredit, il a causé de terrifiantes destructions, mais sa complexité prodigieuse est d'avoir *aussi* fait avancer l'humanité tout entière à pas de géant depuis plusieurs siècles avec ses droits de l'homme et son progrès scientifique. Et plus encore avec la « sortie de la religion » qu'il a initiée, et à laquelle tu persistes à ne rien comprendre !

Cette « sortie de la religion » se poursuit malgré ce que certains appellent le « retour du religieux ». Car jamais plus la religion ne retrouvera quelque part dans la civilisation humaine son ancienne position centrale. Et le fait que les religions ne soient plus qu'un phénomène parmi d'autres dans les différentes sociétés de la planète correspond à un progrès *spirituel* décisif de notre humanité. Mais ni toi ni l'Occident n'avez encore compris pourquoi !

C'est que nous les humains ne pouvions pas perpétuellement rester dans des systèmes religieux qui n'ont été qu'une première étape de notre évolution spirituelle. Les différentes religions de la Terre nous ont fait grandir pendant des millénaires dans leur matrice – dans *le ventre des dieux*. Elles nous ont porté en elles jusqu'à ce que nous soyons spirituellement assez forts, assez formés, pour en sortir. La « sortie de la religion » est pour notre humanité une naissance spirituelle. Tu devrais pourtant avoir eu cette intuition depuis le début, mon cher Islam, toi dont le Coran nous dit dès sa première sourate qu'*Allâh* est *Rahîm*, un mot qui signifie le « miséricordieux » mais qui en arabe veut dire aussi la « matrice » !

Mais comment pourrait-on te reprocher d'avoir confondu « sortie de la religion » et abandon de la vie spirituelle ? L'Occident lui-même a cru qu'il se « débarrassait » des dieux et des religions parce qu'ils nous auraient trompés et qu'ils auraient été de pures illusions ! Et il vous a induites en erreur, vous les autres civilisations !

*

Tu as été incapable de concilier de façon cohérente et durable tes propres héritages humanistes avec ceux de la modernité occidentale. Un exemple, l'un des plus terribles pour toi : au lieu de t'emparer vraiment du trésor extraordinaire de la Déclaration universelle des droits de l'homme, tu l'as largement contredite en 1990 par une Charte islamique des droits de l'homme, signée par 57 de tes États, dans laquelle le principe fondamental de la liberté humaine vis-à-vis de la religion est nié par l'affirmation que «l'islam est la religion naturelle de l'homme»!

Pourtant tu devrais te douter, mon cher Islam, que cette tentation de revenir en arrière à la suprématie de ta religion – sur les autres et sur la vie humaine – est perdue d'avance. Et que tu vas être contraint de construire en harmonie avec les autres civilisations un monde humain nouveau, fondé sur le principe de la liberté de chacun vis-à-vis de la religion!

Tu sais mon cher Islam, je comprends pourquoi tu te rebelles contre cet Occident, et pourquoi autant de pays et de consciences musulmanes refusent d'abandonner le principe que la liberté de l'homme s'arrête là où la religion commence. Je sais pourquoi tu considères que les «cinq piliers» de l'islam doivent être maintenus coûte que coûte – ce que l'Arabie Saoudite fait surveiller et punir par sa police religieuse, tandis que dans d'autres États et communautés musulmanes de par le monde le non-respect de la pratique religieuse fait l'objet d'une tolérance relative.

Tu ne veux pas lâcher parce que grâce à ta religion tu as des convictions absolues, des biens sacrés auxquels tu tiens plus qu'à tout le reste. Pour toi le sens ultime de la vie est clair, assuré, et cela n'a pas de prix pour l'être humain qui a toujours eu peur que la vie n'ait pas de sens. Tu as des certitudes qui te sauvent de l'angoisse que notre existence ne mène nulle part sauf au néant de la mort. Tu possèdes un sacré, et tu vois qu'en face de toi l'Occident, lui, n'arrive plus à sacraliser grand-chose – pas même avec assez de force cette dignité humaine qui est au centre de ses droits de l'homme ! Le sacré humain, le sacré terrestre que l'Occident moderne a mis au centre de sa civilisation est trop mal en point. Il n'arrive pas à faire pleinement resplendir la dignité humaine, à en faire une valeur absolue : au lieu de réussir à la faire respecter comme sacrée, il a engendré un monde de scandaleuses inégalités ; et hier comme aujourd'hui il rend trop de peuples esclaves de sa domination et de sa prospérité pour que ses belles paroles sur le respect de l'être humain impressionnent encore quiconque. Qui croit donc aujourd'hui que cet Occident a encore un sacré digne de ce nom, ou bien plutôt qu'il est encore digne de ce sacré humain qu'il a prétendu instituer ?

Toi l'Islam, tu te rebelles parce que tu préféreras toujours ton sacré à ce mensonge. Même si ton sacré à toi est atteint d'un cancer qui le ronge, tu tiendras aussi longtemps que possible à lui plutôt que de te laisser entraîner dans le *vide* par l'Occident. Tu me fais penser à un héros de mon enfance, ce Tarzan qui dans la forêt va de liane en liane et de branche en branche : cet Occident te demande aujourd'hui de lâcher la liane de ta tradition religieuse et de faire confiance en tendant la main vers la liane qu'il t'envoie, mais… elle ne vient pas, alors plutôt que de chuter dans le vide tu préfères revenir doucement en arrière sur la liane d'une religion dépassée… Tu ne veux pas lâcher la proie pour l'ombre mais ta proie elle-même n'est plus qu'une ombre.

*

Si je te parle aussi longuement de l'Occident, mon ami, c'est parce qu'aujourd'hui vous êtes au bord du même gouffre. Vos deux systèmes de civilisation sont dans un état comparable d'épuisement généralisé, vos systèmes d'organisation et de compréhension du monde humain sont périmés. Et les autres civilisations de la Terre ne valent guère mieux que vous deux parce que nous arrivons tous à la fin d'une très longue période – peut-être aussi longue que ce que nous appelons la période historique de l'humanité, sortie de la préhistoire. Une période où les hommes se sont organisés en territoires, peuples, sociétés, cultures et civilisations distinctes, qui avaient des relations entre elles mais qui étaient à peu près autosuffisantes ou tout au moins autocentrées. Ce n'est plus possible. Avec la mondialisation, les maux de l'une sont devenus les maux de l'autre et les ressources des unes et des autres doivent apprendre à se mutualiser pour faire civilisation toutes ensemble à l'échelle de la planète. Je te dis cela pour te faire comprendre que *tu ne t'en sortiras pas tout seul,* que tu ne seras plus jamais autosuffisant ni conquérant, et que pour guérir de ton cancer tu n'auras pas d'autre choix que de l'affronter avec cet Occident que tu détestes et que tu envies à la fois, cet Occident dont tu voudrais ne plus sentir le mépris ! Vos deux cancers guériront ensemble ou ne guériront pas. Quant à l'Inde, la Chine, et toutes ces civilisations de la planète qui elles aussi avaient réussi jusqu'ici à se développer de façon autonome, elles vont devoir entrer à leur tour dans cette humble logique de la contribution globale, du partage mondial de leurs crises, de leurs maladies et de leurs remèdes.

Tu dois donc faire encore un autre effort. Tu dois arriver à comprendre clairement ce que tu reproches à l'Occident – et que jusqu'ici tu n'as pas réussi à clarifier. Tu t'es enfermé dans la confusion des reproches trop généraux de « matérialisme » et d'« impérialisme ». Ce faisant, tu as été aussi paresseux que myope. Et bien entendu, l'Occident t'a ri au nez et continue de le faire. Car tu n'as pas été capable de mettre le doigt là où ça fait vraiment mal. Tu n'as pas été intellectuellement et spirituellement capable de répondre au défi occidental en débusquant la vraie faille de ton envahisseur. Tu n'as pas su lui dire la seule vérité qui l'aurait fait pâlir, trembler, douter enfin de lui-même ! Il est temps de le faire. D'arracher à l'Occident son masque, et de voir qu'en réalité le roi est nu – une fois de plus.

Je te regarde et, pour l'instant, je doute que tu en sois capable. Et lorsque je regarde l'Occident, je vois qu'il fait moins le fier qu'il y a encore quelques décennies. Il est dans de telles impasses à tous les niveaux qu'il n'arrive plus à jouer au maître de l'univers. Enfin, depuis sa Renaissance au XVIe siècle, il s'est mis à douter de lui-même à force de crises économiques et à cause de son désarroi mental causé par la perte d'efficacité de son système et la dévaluation de ses valeurs : lutte des classes gagnée par les riches, inégalités croissantes partout, ici un chômage de masse, là une multiplication des travailleurs pauvres, «insécurité culturelle» ressentie vis-à-vis des immigrations, sentiment et peur panique chez certains d'un déclin irréversible, constat objectif de sa perte d'influence par rapport à la montée en puissance de la Chine et d'autres ex-pays émergents, etc.

Mais face à l'image catastrophique que tu donnes de toi-même, rien n'y fait. Il se sent encore supérieur. Ta médiocrité l'entretient dans un résidu complexe de supériorité. Spectateur de ton chaos, ses propres errances ne lui ont toujours pas ôté du visage, quand il te regarde, son masque d'autosatisfaction et de morgue. Une autre de tes fautes, certes indirecte : l'Occident te voyant plus mal en point encore que lui s'en trouve distrait de sa propre remise en question, dont l'urgence devrait le mobiliser totalement. Je le vois te toiser comme avant, et c'est comme s'il te demandait ceci : «Comment pouvez-vous être assez stupides, vous les musulmans, pour refuser ce paradis – même mal en point – des droits de l'homme et de la consommation que je suis prêt à exporter chez vous tel quel? Comment pouvez-vous rester enfoncés à ce point dans une religion aussi archaïque, aussi intolérante, aussi bornée pour préférer son système de soumission à l'empire de liberté dont je vous tends charitablement le modèle clés en mains?»

*

Qu'as-tu à répondre, mon ami, à cette insolence? Seras-tu capable un jour de conduire enfin l'Occident à douter un peu de lui-même? À se demander pourquoi diable les masses de croyants du monde, musulmanes, hindoues, bouddhistes, confucéennes, shintoïstes, etc., sont de moins en moins séduites par ses promesses pourtant mirobolantes?

Hélas, je vois bien que tu n'y arrives pas… Alors comme tu n'y arrives pas, mon cher Islam, comme tu échoues depuis si longtemps à dire clairement à l'Occident ce qui ne tourne pas rond chez lui, ce qui lui manque d'essentiel, comme tu échoues même à le comprendre réellement, moi qui suis un de tes fils lointains, je vais le faire pour toi! Je ne suis pas devin pourtant. Mais je suis né et je vis au cœur de cet Occident que tu regardes de l'extérieur. C'est dans ce vide même où il veut t'entraîner que je suis, et ma propre chute dans son gouffre me fait voir ce qu'il y a au fond : le sens du néant occidental.

Que vois-je mieux que si j'avais le luxe de me tenir simplement au bord du gouffre occidental? Je vois au-delà de ce que tout le monde sait, et dont voici la litanie ordinaire : l'Occident victime d'un terrible désenchantement, de cette fatigue radicale et de cet ennui mortifère qui font vieillir d'un seul coup toute civilisation qui n'a plus aucun but supérieur. C'est très loin en dessous de ces constats faciles à faire pour tout le monde qu'il y a autre chose, autre chose de plus grave encore et que je viens d'appeler le néant... Mais comment décrire le néant? C'est possible pourtant. Car en l'occurrence, ce néant c'est l'anéantissement de l'humanité de l'être humain. Sa négation. Un crime contre notre humanité. Et c'est bien ce dont l'Occident est coupable en réalité, c'est bien cela le néant au centre de l'Occident... Pas plus que tu ne seras heureux de ma critique, il ne sera content de celle que je lui adresse.

En quel sens ton frère ennemi l'Occident a-t-il fabriqué une civilisation qui assassine l'humain dans l'homme?

Comme le disait Blaise Pascal, mon compatriote du centre de la France, «il y a en l'homme quelque chose qui passe infiniment l'homme». Il y a chez l'être humain de l'infini qui le traverse, qui l'écrase et qui le soulève, qui l'accable et qui l'exalte, qui fait de lui «le milieu entre le rien et le tout», qui le fait roi immortel de l'univers et poussière qui retournera poussière, qui le fait si puissamment créateur et si fragile, si vulnérable, si misérable à la fois. L'infini – qu'on l'appelle Dieu ou cosmos – est la seule mesure à la démesure de l'être humain.

Le crime de l'Occident moderne est d'avoir coupé tous les liens qui reliaient l'être humain à l'infini qu'il porte en lui-même et qui l'attend au-delà de lui-même.

Il a dit aux anciennes religions, qui cultivaient *l'art du lien sacré avec l'infini* dans tous leurs symboles, dans tous leurs rituels, « vous êtes des illusions » – des opiums du peuple, des maladies infantiles de l'humanité qui a besoin de se rassurer face à l'angoisse de la mort en imaginant des dieux, des saluts, des réincarnations, des fontaines de jouvence, des immortalités. Cet Occident a dit : « Je vais bâtir un monde humain rationnel, purement rationnel, le premier royaume de pure et froide raison dans toute l'histoire de l'humanité, et grâce à moi elle deviendra enfin adulte, elle oubliera enfin ses anciennes chimères, elle apprendra à ne plus avoir peur de sa finitude. » Comme l'a dit Nietzsche, le prophète de cet Occident sans dieux, il est temps pour l'homme de danser au bord de l'abîme de la mort sans trembler mais plein d'une « joie tragique »... C'est très beau peut-être, mais c'est très faux surtout. Et nous avons tous fini par payer, à l'échelle de l'humanité tout entière, le prix effroyable de cette illusion qui prétendait mettre fin à toutes les illusions !

Car le monde humain bâti par l'Occident a enfermé l'être humain dans une cage d'acier. En coupant notre lien sacré avec les infinis, avec tous les absolus, il nous a tous mutilés, il a tranché nos ailes d'humanité, et voilà chacun de nous semblable à ce pauvre albatros du poète, « exilé sur le sol au milieu des huées »... C'est pour cela au fond, mon cher Islam, que tu préféreras toujours ta religion à ce que te propose l'Occident. Lui te prend pour un arriéré, pour un abruti, en ne comprenant pas du tout comment tu peux choisir une religion qui soumet l'homme à Dieu, qui soumet les femmes aux hommes, qui soumet les consciences et les sociétés à l'archaïsme d'un sacré intouchable. Comment peut-on ainsi choisir les esclavages à la liberté des droits de l'homme ? Comment toi, l'Islam, oses-tu défier l'Occident en opposant à sa proposition de « liberté de conscience » ta vision aliénée de toi-même comme soumission à Dieu ? Voilà ce qui pour l'Occident est incompréhensible !

*

Nous sommes là au cœur du problème. Tu résistes, mon cher Islam, parce que tu perçois confusément qu'au centre des droits de l'homme occidentaux il y a une tâche aveugle. Le néant dont je parle ici. Cet homme occidental qui en effet a des droits immenses, sans équivalent ailleurs, des droits politiques et sociaux dont tu prives toi-même tes peuples… Cet homme occidental qui croit d'ailleurs souvent avoir tous les droits… Il a et il se donne une infinité de droits alors qu'il a perdu – et peut-être parce qu'il a perdu – le plus précieux d'entre tous : le droit de l'infini. Le droit, la conscience, la capacité, l'art de se relier à l'infini qui est le propre même de l'humanité.

L'Occident a dit « l'individu, l'individu, l'individu » sans vouloir entendre ce qu'ont enseigné toutes les sagesses ancestrales, la sienne et celle de toutes les autres civilisations : un être humain n'est rien sans les autres. Rien sans l'amour, l'éducation, le secours des autres. Aucun de nous ne devient humain tout seul. Aucun de nous n'existe *par lui-même*, et donc aucun de nous ne peut exister *pour lui-même* – il faut donner à mesure de ce qu'on a reçu, rendre plus humain encore le monde qui nous a élevés comme des êtres humains. Contre cette évidence universelle du besoin des autres, de *la dette d'humanité qui entraîne le devoir d'humanité*, l'Occident a inventé et réussi à propager de façon tout à fait invraisemblable la fiction mortelle d'un « je » sans le « nous ». Or chacun de nous *tout seul* est la fragilité même, l'impuissance même, la nullité et la nudité même ! Tout notre être prend sa vitalité dans la qualité de ses multiples interactions avec autrui – dans la somme de toutes les relations de fraternité, de solidarité, d'échange, de transmission, de dialogue, etc. qui nous permettent de développer notre puissance d'être et d'agir, notre expression créatrice de nous-mêmes ! *La fraternité nous crée.*

*Nous naissons* de l'intensité amoureuse de notre relation à nos sœurs et frères humains. Plus nous avons de frères et sœurs, sans frontières de couleur ou de croyances, plus nous vivons. *Nous mourons* sans ces liens nourriciers, nous diminuons s'ils diminuent en réduisant la fraternité, en la limitant à ceux qui croient dans le même dieu que nous ou qui ont le même niveau de richesse.

Nous ne pouvons vivre de façon pleinement humaine que dans un système de fraternité. La fraternité est notre écosystème. Notre petit « moi » se dessèche et meurt s'il n'est plus alimenté par toutes les interactions visibles et invisibles qui le relient à tous les Autres possibles – l'Autre en soi, l'Autre en l'autre homme, l'Autre transcendant qu'on appelle « divin », nature ou âme du monde.

L'Occident a sectionné tous les fils de lumière et de surpassement, tous les liens sacrés par lesquels nous pouvons cultiver notre relation avec un ailleurs, une élévation, une sortie des limites étroites de notre « petit moi » solitaire et égoïste vers une transcendance : le lien vers nos profondeurs intérieures, entre notre *individualité* et notre *personnalité* profonde ; le lien de solidarité, de fraternité et d'amour avec autrui ; le lien avec l'immensité de l'univers, comme image de notre propre infinité.

Voilà, mon cher ami, quel devrait être le vrai motif des reproches que tu adresses à ton ancien colonisateur. Mais il restera ton maître intellectuel tant que tu n'auras pas identifié ce point faible chez lui, qu'il réussit à dissimuler depuis trop longtemps au centre même de son si beau programme de civilisation ! Si tu cultivais plus ta propre lucidité, tu saurais le mettre en face de son crime suprême : il a voulu tous nous jeter dans la prison sans portes ni fenêtres d'une individualité close, repliée sur elle-même, réduite à sa propre conscience de soi la plus superficielle. En sectionnant ainsi tous les liens, il a tranché chaque cordon ombilical dont l'être humain reçoit sa nourriture, sa vitalité, son inspiration. Comment peut-il donc avoir encore après ce crime l'impudence de réclamer des autres civilisations qu'elles continuent à le suivre, qu'elles continuent de plier sous le joug de sa supériorité et de se prosterner devant sa gloire ?

Dis-lui tout ça ! Demande-lui des comptes à ce sujet ! Là, tu vas voir, il ne saura pas quoi te répondre. Pour la première fois il va perdre sa superbe, il va bafouiller puis se taire !

Prends conscience aussi, mon cher Islam, que le temps de la déliaison imposé par l'Occident va bientôt prendre fin. D'autres temps arrivent. Participe – en repensant complètement ta propre conception du lien de l'homme à lui-même, aux autres et à l'univers – à cette conscience qui surgit chez des millions de femmes et d'hommes que la rupture des liens n'a que trop duré, trop affaibli notre vitalité ! Prends conscience que le désir du lien sera bientôt la cause d'une révolution spirituelle telle que nos époques historiques n'en ont pas connu ! Il y a déjà partout parmi nous des « recréateurs de liens » qui seront dès demain la nouvelle grande force agissante du monde !

*

Tes filles et tes fils, mon cher Islam, tiennent à leur religion historique parce qu'elle leur donne un lien puissant à l'infini. Les musulmans trouvent dans la prière, la lecture du Coran, le jeûne, le pèlerinage, le fait d'égrener leur chapelet, le lien sacré sans lequel l'humanité en nous est morte. Mais tu tiens tellement mal à ce lien, à ce bien sacré, que c'en est rageant et que cela me remplit de chagrin. Je finis par ne plus savoir lequel de mes deux parents – toi l'Islam, ou l'Occident – me fait le plus de peine... Prends conscience en effet de l'état catastrophique de ton lien sacré à l'infini ! Certes il existe encore des musulmans bien reliés. Mais il faut que tu t'alarmes enfin, de toute urgence, des ravages causés dans les rangs de tes fidèles par la contamination de certaines idéologies religieuses qui dégradent à grande échelle la qualité de ce lien sacré ! Comme le salafisme par exemple dont les ramifications vont de l'Afghanistan au Yémen, du Maghreb aux communautés musulmanes d'Occident, et qui ne cesse de répandre toujours plus loin le poison d'une religion réduite à la rigidité d'une vision binaire (le bien/le mal) et agressive vis-à-vis de ceux qui voudraient conserver un rapport intelligent et libre à la religion de Mohammed. La sphère d'influence de cette pratique religieuse bornée et intolérante est telle désormais que tu te retrouves trop souvent dans l'extrême inverse de celui où s'est égaré l'Occident : tandis qu'il a *tranché* le lien sacré entre l'homme et l'infini, toi tu *étrangles* l'homme avec ce même lien de l'infini ! Tu laisses des ignorants et des fous pendre tes peuples avec la corde du lien sacré qui devrait les faire grimper jusqu'au ciel ! L'Occident a coupé le lien de la transcendance, toi tu t'en sers pour ligoter tes consciences et tes corps. Ni l'un ni l'autre ne comprenez ni ne maîtrisez plus rien au lien sacré avec l'infini.

Voilà pourquoi vous vous détestez à ce point. Vos deux crises sont en miroir, vous êtes des jumeaux de détresse qui s'accusent mutuellement pour éviter d'avoir à regarder en face leur propre responsabilité : toi l'Islam, tu accuses l'Occident d'avoir basculé dans le matérialisme pour oublier que tu as fait du lien sacré un système de soumission, et en retour l'Occident t'accuse aussi pour s'oublier tout autant…

Cette déresponsabilisation partagée est en profondeur le véritable *épicentre* de tout votre « choc des civilisations ». C'est le point de collision central de vos deux plaques tectoniques de civilisation. Tout le reste de vos conflits n'en est que la réaction en chaîne indéfinie... Nos deux mondes, et toutes les autres civilisations avec eux, doivent donc d'urgence se réunir dans une discussion mondiale pour réapprendre tous ensemble à restaurer ce lien essentiel. Notre civilisation humaine doit comprendre que cette discussion mondiale sur la relation au sacré est – plus encore que toutes les autres relations économiques, politiques, sociales, etc. – la clé de la paix et de notre progrès d'humanité pour les siècles qui arrivent.

*

Mon cher Islam, je suis un de tes fils né et grandi en France. La France, ma mère. Peux-tu comprendre ce qu'est la France pour moi ? Je lui dis merci, je pleure de gratitude et d'amour envers elle parce que c'est elle qui m'a permis de réfléchir au malheur de mes deux pères : toi l'Islam, et l'Occident. Elle qui m'a permis de grandir librement entre ces deux cultures, ces deux civilisations. La langue française est ma langue sacrée, celle dans laquelle je pense, je rêve, je dis « je t'aime ». Celle dans laquelle je transcris sans peine ce qui me vient de la lumière du cœur.

La France est pour moi comme une « île du milieu » entre Orient et Occident. Elle a quelque chose des deux. Car elle a avec toi l'Islam une longue, douloureuse et amoureuse relation de proximité... Elle a eu d'immenses penseurs qui m'ont rapproché de toi alors que j'étais si loin : Louis Massignon, Henri Corbin, Jacques Berque, Mohammed Arkoun, et bien sûr, le plus puissant de tous, René Guénon – le sheikh Abd al Wahid Yahia –, ce sage à la fascination duquel il faut apprendre à résister mais qui a eu pour fonction de donner *en français* l'ultime testament de la sagesse suprême de l'Islam venue du soufisme d'Ibn Arabi (1165-1240) : la doctrine et le chemin de l'unité de l'être (*wahdât al wujûd*), l'unité du lien de tous les êtres et de tous les univers à partir du cœur spirituel de chaque être humain. Tous les êtres de l'univers sont comme autant de lettres formées avec la même encre de lumière divine. C'est ce que symbolise le Coran : tous ces mots sortis de la poitrine du prophète Mohammed expriment le surgissement hors d'une source unique, le cœur créateur de l'être humain, de l'infinité des formes lumineuses de mille univers... Tout est un à partir de la fontaine jaillissante de notre cœur de lumière.

*

Mon cher Islam, sois patient, continue de m'écouter encore un peu. Laisse-moi maintenant te réclamer une faveur, une seule : au lieu de me traiter par le mépris comme un hérétique ou comme un de tes rejetons bâtards, donne-moi la parole. Laisse-moi parler un peu pour toi au lieu de laisser confisquer ta voix par n'importe quel fou terroriste ! Laisse-moi être de ceux qui parlent un peu en ton nom au lieu de continuer aussi à faire s'exprimer pour toi n'importe quel *savant ignorant* de ces cohortes de prêcheurs qui pontifient ou qui vocifèrent dans tes madrasas, dans tes universités, sur tes chaînes de télévision, en ne faisant que répéter comme des perroquets les mêmes platitudes religieuses périmées depuis des siècles ou bien saupoudrées d'un semblant de nouveauté... Je suis frappé de voir, ici en France et partout ailleurs, à quel point on fait parler des « maîtres de religion » au nom de l'Islam, comme si les musulmans étaient un troupeau qui devait être éternellement gardé par des bergers ! Étonné de l'obstination avec laquelle les pays occidentaux s'imaginent que pour parler au nom de la *culture* musulmane il faudrait être un gardien du *culte* ! Avec quelle candeur on donne ici des tribunes et une fonction de « représentation des musulmans » à des imams parfois sympathiques mais souvent bornés, et à toute une clique de « clercs éclairés » qui sont à la fois heureusement assez ouverts d'esprit mais malheureusement formatés par le système de la religion.

Laisse-moi dire de ta part à l'Occident ce que tu pourrais lui apporter – cette sagesse de l'unité – si tu n'étais pas si malade. Laisse-moi lui parler pour lui faire de ta part cette offrande. Laisse-moi lui parler pour lui faire prendre conscience de la gravité de ce qu'il a fait en coupant tous les liens qui réunissent l'homme à lui-même, aux autres, à l'univers. Il a coupé le lien de l'homme avec les dieux mais comme il ne connaissait plus rien à la magie du lien sacré, celle-ci s'est retournée contre lui en fabriquant aussitôt des liens diaboliques : les liens de l'aliénation des masses aux fascismes et aux totalitarismes du XXe siècle, les liens de servitude au capitalisme puis au libéralisme… Combien d'autres métamorphoses diaboliques du lien allons-nous encore subir, peut-être pires encore, si nous ne retrouvons pas l'art de tous les liens ?

À nous tous ensemble, mon cher Islam, de réparer d'abord le lien sacré à l'infini. À nous tous ensemble de redécouvrir l'art général du lien et de savoir convertir tous les liens – toutes les connexions – de notre civilisation humaine en autant de liens spirituels faisant couler dans nos propres veines le sang de la jeunesse éternelle, de la puissance créatrice inépuisable et de l'immortalité !

Cette vie immortelle, cette éternité d'activité créatrice, est pour toi celle de Dieu. Ce Dieu que tu appelles *Allâh.* Mais qui est ce Dieu pour nous les êtres humains ? Cela fait trop longtemps que ta méditation sur Dieu est en panne, qu'elle répète et ressasse stérilement la même chose... Permets-moi donc de te rappeler une de tes plus vieilles intuitions, commune d'ailleurs aux différentes traditions spirituelles du monde : Dieu et les hommes ne seraient pas séparés, le divin et l'humain seraient ensemble les deux faces d'une même réalité. Deux expressions d'un *Ego créateur unique*, présent en chacun de nous et qui grandirait jusqu'à l'infini grâce à l'intensité et à la qualité de nos liens. Le nom de Dieu désigne un être chez qui cette croissance est achevée. Que l'on croit en l'existence d'un dieu ou pas, son nom désigne une puissance créatrice infinie et un lien infini, la convergence de tous les liens, le cœur infini où arrivent tous les liens et d'où tous s'élancent comme autant de traits d'une lumière qui donne la vie!

L'être divin serait donc – s'il existe – le cœur infini de tous les liens. Ma conviction la plus profonde est que l'être humain peut devenir lui-même ce cœur infini. C'est la vocation de la vie bien reliée – du triple lien à soi, aux autres, à l'univers. Plus nous nous connectons à la vie universelle par ce triple lien, plus ce cœur infini se développe en nous-mêmes. Et plus il se développe, moins la mort peut quelque chose contre nous. Elle ne pourra peut-être plus rien du tout contre la vie humaine lorsque celle-ci aura fait de sa civilisation tout entière une vie bien reliée. Tel doit donc être le principe de notre vie spirituelle à venir : aider chacun de nous sur la planète à devenir *un cœur de liens*, tellement alimenté par le nombre et la qualité de ses liens que cette source d'alimentation infinie pourrait le faire entrer dans une vie infinie…

Nos vies spirituelles doivent déborder demain – très largement – le cadre religieux. Cherchons tous les bons liens possibles. Apprenons à cultiver chaque lien quotidien comme un moment de vie spirituelle : un paysage que l'on contemple, un arbre que l'on touche, des enfants que l'on regarde jouer, quelqu'un que l'on serre entre ses bras, une cause défendue avec d'autres, une discussion collective, une rêverie vers le fond de nous-mêmes, une prière à tel dieu, une prière sans dieu, peu importe. Dans tous les bons liens, même les plus petits, circule l'énergie de vivification dont nous avons besoin.

*

Cher Islam, cher ami, cher… Je ne sais même plus comment t'interpeller en arrivant presque maintenant au bout de ma lettre.

J'aimerais tant que tu m'aides à alerter notre civilisation humaine sur cette situation qui est gravissime. Mais comme tu me sembles loin de tout ça ! Tu en es loin et pourtant, comme toutes les autres civilisations de la planète, tu souffres terriblement de cette rupture des liens. Dans ton cas, c'est même pire que pour bien d'autres, parce que tu es pris entre le marteau et l'enclume : d'un côté, ton propre cancer te retient dans des liens d'esclavage au sacré et d'un autre côté, le cancer généralisé de la civilisation humaine qui t'a contaminé brise en toi comme ailleurs, un par un, tous les liens nourriciers. Voilà une cause supplémentaire de ta maladie. Non seulement tu fais ton propre malheur mais tu vis aussi sous l'influence mortifère du « culte de l'individu ».

Cela te dissocie totalement! Tu fais vivre tes individus dans l'incohérence, la contradiction, coupés en deux, écartelés entre ces deux contraires que sont l'obéissance absolue au traditionalisme religieux et la désobéissance absolue de l'individualisme profane, le mauvais lien de la soumission la plus servile à ton Dieu et la rupture des liens typique de l'égoïsme moderne répandu partout. Cela ne peut donner parmi tes filles et tes fils que trop de personnalités schizophrènes, qui ne tiennent le coup dans ce malheur de la division intérieure que par le déni, la mauvaise foi, le mensonge à soi et aux autres.

*

Je te l'ai déjà dit ici, mon ami, mais je pense utile d'y insister une dernière fois avant de te laisser : c'est au service de l'expression créatrice de chacun d'entre nous que doit converger toute l'organisation de notre civilisation humaine. Chaque être humain sur la planète doit être éduqué, instruit, soutenu, impliqué dans la vie sociale de telle sorte qu'il puisse non seulement conduire sa vie selon ses propres choix mais parvenir à cet accomplissement spirituel de voir s'éveiller en lui le cœur créateur qui est sa singularité, son unicité, ce *génie* le plus personnel dont la révélation reste hélas toujours réservée à quelques individus d'exception mais qui est en réalité le potentiel profond de tout être humain. Après les luttes du XIXe et du XXe siècle pour les droits sociaux et politiques, commençons la lutte pour les droits de l'Ego créateur en chacun de nous !

Tel est le fondement ultime de notre dignité. Tel est le fondement même de notre humanité. Au commencement il y a le Verbe créateur, dit la Bible. Alors au commencement de notre dignité il doit y avoir la parole créatrice et le geste créateur de l'être humain. Celui qui l'a peut-être le mieux dit en percevant cela comme une vision spirituelle de l'homme commune à l'Islam et à l'Occident fut un humaniste de la Renaissance : Pic de la Mirandole. Dès la fin du XVe siècle, il écrit ceci :

« Très vénérables Pères, j'ai lu dans les écrits des Arabes que le Sarrasin Abdallah, comme on lui demandait quel spectacle lui paraissait le plus digne d'admiration sur cette sorte de scène qu'est le monde, répondit qu'il n'y avait à ses yeux rien de plus admirable que l'homme. »

Mais qu'a donc l'être humain de si admirable ? Il crée. Il a été créé créateur par Dieu, nous dit Pic de la Mirandole et toute l'histoire de l'humanité doit être le chemin vers cette réalisation de lui-même comme ego créateur ! Le Coran ne dit pas autre chose lorsqu'il nous montre Dieu confiant l'univers à Adam : il fait de lui son *héritier*, son successeur dans la fonction créatrice (sourate II, versets 30-34). René Descartes a écrit : « Je pense donc je suis. » Mais il aurait fallu qu'il dise plutôt, au nom de l'humanité, « je crée donc je suis » !

*

Toi l'Islam et toi l'Occident, réconciliez-vous ! Et faites-le en vous ressaisissant ensemble de votre secret partagé – mais oublié des deux côtés – que la vie créatrice est le but et la fraternité le principe de notre vie spirituelle. Souvenez-vous ensemble – et tous les peuples de la Terre avec vous – que nous sommes tous frères humains. Comprenez ensemble que seule une civilisation humaine de la fraternité universelle nous reliera tous dans un lien assez puissant pour que nous devenions grands créateurs ! C'est là, mon cher Islam, mon cher Occident, le projet de civilisation que nous devons chercher aujourd'hui comme le Saint-Graal de notre temps – ce Graal qui contient le sang de la vie créatrice.

*

C'est fini, je m'arrête là, mon cher Islam. Je t'ai dit tout ce que j'avais sur le cœur – ou plutôt *dans* le cœur. Au passage, je me suis adressé aussi à ton meilleur ennemi l'Occident pour vous dire à tous deux ce à quoi vous devez maintenant participer au lieu de vous battre.

Mon cher ami... Je ne suis qu'un philosophe, et comme d'habitude certains diront que le philosophe est un hérétique. Mais non, ce n'est pas de l'hérésie, c'est une fidélité critique, le paradoxe d'une *fidélité infidèle*! Fidélité à toi contre toi, fidélité à ta lumière contre tes errances! Je ne cherche qu'à faire resplendir à nouveau la lumière – c'est le nom que tu m'as donné qui me le commande : Abdennour, « serviteur de la lumière ».

Je n'aurais pas été si sévère dans cette lettre si je ne croyais pas en toi. Comme on dit en français, « Qui aime bien châtie bien ». Pardonne-moi si tu t'es senti offensé. Ce n'était pas mon intention, et comme le disait le Prophète, les actes ne valent que par leurs intentions. Je t'ai durement questionné au long de ces pages, au contraire de tous ceux qui aujourd'hui ne sont pas assez sévères avec toi, qui te trouvent toujours des excuses, qui veulent faire de toi une victime, ou qui ne voient pas ta responsabilité dans ce qui t'arrive. Tous ceux-là en réalité ne te rendent pas service.

Si tu ne m'écoutes pas cette fois, tant pis. D'autres, de plus en plus nombreux, viendront te dire la même chose. Ils te le diront bien mieux que je ne l'ai fait ici, et tu finiras bien par devoir les entendre. Laisse-moi ajouter seulement que moi, ton fils éloigné et peut-être ton fils indigne, je crois en toi, je crois en ta contribution à faire demain de notre planète un univers à la fois plus humain et plus spirituel.

*Salâm*, que la paix soit sur nous tous, sœurs et frères humains.

Si vous souhaitez être tenu informé des parutions
et de l'actualité des éditions Les Liens qui Libèrent,
visitez notre site :
http://www.editionslesliensquiliberent.fr

Achevé d'imprimer en mars 2015
par Normandie Roto Impression S.A.S
à Lonrai
Dépôt légal : avril 2015
N° impr : 1501040
*Imprimé en France*